Grégoire Aubert
Thierry Desouche

Derniers jugements

Grégoire Aubert
Thierry Desouche

Derniers jugements

Éditions Muse

Imprint
Any brand names and product names mentioned in this book are subject to trademark, brand or patent protection and are trademarks or registered trademarks of their respective holders. The use of brand names, product names, common names, trade names, product descriptions etc. even without a particular marking in this work is in no way to be construed to mean that such names may be regarded as unrestricted in respect of trademark and brand protection legislation and could thus be used by anyone.

Cover image: www.ingimage.com

Publisher:
Éditions Muse
is a trademark of
International Book Market Service Ltd., member of OmniScriptum Publishing Group
17 Meldrum Street, Beau Bassin 71504, Mauritius
Printed at: see last page
ISBN: 978-620-2-29724-0

Derniers Jugements

Une comédie dramatique de
Grégoire AUBERT & Thierry DESOUCHE

3 personnages : 1 F / 2 H

RÉSUMÉ :

La comédie humaine.

A l'occasion d'un rendez-vous, l'avocat d'affaires, Henri Dutertre, est accueilli par une femme particulièrement troublante, accompagnée d'un homme pontifiant. Ce couple étrange lui propose alors un marché inattendu.

L'homme de pouvoir arrogant qu'est Henri, se trouve dès lors face à ses démons et ses croyances. Séduction, opposition, rejet. Rêve, cauchemar, délire… Ébranlé au plus profond de ses convictions, doit-il accepter de se soumettre ou au contraire, peut-il encore changer le cours de son destin ?

Pour se sauver, il décide de plaider sa cause de façon inédite.

Plein de spiritualité et d'humour, le théâtre de ces ''Derniers Jugements'' est pleinement ancré dans la réalité des rapports humains et amoureux. Des questionnements qui touchent à l'essentiel : à Dieu, à la mort – donc à la vie !

Les débats actuels autour du poids du fait religieux dans la République, ou plus globalement dans les pays occidentaux, donnent à ce spectacle une urgence salutaire.

INTENTIONS :

La parole théâtrale a toujours été porteuse de questionnements autour de la condition humaine. Un principe universel. Et imparable.

Il ne nous a pas échappé que les plus grands auteurs ou intellectuels ont ainsi utilisé ce biais pour s'interroger sur les questions essentielles que sont celles du devenir de chacun après la mort ; et du désir d'immortalité que certains d'entre nous portons en notre sein.

''Derniers Jugements'' assume sa part historique pour ne pas dire mythologique, issue de cette illustre lignée. L'homme, la mort et Dieu sont au cœur du récit. Rien de moins !

Nous avons voulu une vraie comédie humaine, une histoire à la dramaturgie avérée. Une pièce qui mêle passion et raison. L'intelligence du cœur d'une certaine manière.

L'ampleur du sujet et des réflexions ne sont pas éludées au profit de l'intrigue. C'est même l'inverse puisqu'elles en constituent sa colonne vertébrale. Le texte se veut cohérent, dense sans être étouffant. Il fait appel à des références religieuses, puis ricoche dessus, rebondit et les dépasse afin de toucher à l'universalité.

Notre propos n'est pas de mettre en accusation une religion ou une autre. Mais de confronter un homme emblématique de son époque à sa propre destinée, à sa mort, à son Dieu. En dehors de tout dogme.

Face à un Dieu d'origine catholique - celui de sa culture ou de son patrimoine -, face à une mort belle et troublante, Henri Dutertre, avocat d'affaires confirmé, va explorer des voies autres, ancestrales par certains aspects mais terriblement modernes dans son doute permanent, par sa présomption à vouloir tout contrôler, par son aveuglément, sa vanité.

L'homme, la mort et Dieu. Seule une incarnation pointue de ce triumvirat de tragédie antique pouvait nous ouvrir le champ des possibles.

Le Dieu présenté ici est donc le Dieu chrétien. Mais son discours est transposable aux autres religions monothéistes. Il alterne les aphorismes et les sentences, il prophétise. Dans toute la rondeur de sa condescendance paternaliste, il rend la rigidité de sa parole plus abordable. Il manie l'humour de celui qui sait, qui connaît la vérité ultime. Il écoute, il juge. Il est à la fois sans surprise et très surprenant. Un paradoxe qui tient de la gageure.

La mort joue habilement de son charme. Séduisante et effrayante à la fois. Chacun possède sa propre image de la mort. La complexité de son ''concept'' la rend attachante, fuyante, pleine de doutes et de principes. La mort est définitivement humaine, elle concerne chacun de nous. Elle nous ressemble. Elle est le lien entre Dieu et les hommes. A moins qu'elle ne soit une alternative… C'est la suggestion originale du texte.

Il est d'ailleurs amusant d'un point de vue narratif de tenter une approche incarnée de la mort, de la présenter dans ce qu'elle a de plus vital comme une issue possible, un recours à la voie de Dieu. Au-delà de leur confrontation spirituelle, l'incarnation théâtrale leurs confère une autre dimension humaine.

Eh puis bien sûr, il y a Henri, le représentant de l'espèce humaine. Celui par qui le canevas se tisse, celui sur qui le piège se referme. Derrière le piège, le salut ? Avocat brillant, cultivé, installé, Henri n'est pas vraiment monsieur tout le monde de prime abord. Et pourtant… Qui d'autre qu'un bel orateur, sur de soi et de son aura, convaincu de la puissance du verbe, aurait pu tenir la dragée haute à Dieu ; et fomenter une stratégie de sortie de crise (échapper à la mort et au dernier jugement) ? Son dernier combat est celui de tout un chacun. Sa mise en accusation d'un système de vie, biologique et spirituel, nous interpelle et nous émeut.

Il s'agissait surtout, sur scène, de confronter un homme à des interrogations viscérales ; quelles peuvent être les fondations, les manifestations d'une vie accomplie et d'une mort réussie ? Et inversement ?

Spectacle oscillant entre rêve et cauchemar pour le seul humain en scène, les ressorts les plus terriblement terre à terre que sont la séduction, la sensualité, la colère ou la menace n'en sont pourtant pas absents. L'humour et le sens de la répartie font d'ailleurs aussi partie de l'arsenal de nos personnages pour éviter l'écueil de la facilité ou de l'indigestion.

Thierry Desouche &
Grégoire Aubert

A l'ouverture des rideaux, nous sommes dans le salon confortable et moderne d'un espace de conférence (de type Grand Hôtel ou Palais des Congrès…). Côté cour, un petit déjeuner d'accueil est dressé sur un buffet nappé et juponné. De gros fauteuils en cuirs sont disposés autour d'une table basse. Les tableaux aux murs font référence à une mythologie imaginaire. Une baie vitrée est occultée par un rideau blanc.

L'ensemble est complètement aseptisé, impersonnel mais néanmoins très luxueux. L'éclairage est entièrement artificiel, la pièce n'ayant aucune vue sur l'extérieur.

ACTE I

On frappe à la porte. Une fois. Deux fois. A la troisième, la porte s'ouvre. Henri, 40 à 50 ans très bien portés, apparaît. Il fait le tour du salon, regarde éventuellement sa montre qui est arrêtée et se sert un jus de fruit. Il s'installe, boit plusieurs gorgées machinalement, grimace, va se servir une tasse de café, ajoute un sucre, prend un croissant au passage et va se rasseoir. Même jeu, il boit quelques gorgées. A nouveau surpris, il croque le croissant. Nerveusement, il réessaye d'avaler son petit-déjeuner. Il renifle son croissant, respire son café, ferme les yeux quelques secondes et les rouvre, rit cyniquement.

Henri : Pas de parano, c'est un mauvais rhume ; je ne sens plus rien c'est tout. *(Un temps)* Qu'est-ce que je peux être con parfois... Bon alors ?

Il s'assoit, fouille ses poches, étonnamment vierges de toute documentation, cherche quelque chose.

J'ai rendez-vous avec qui déjà ?

Derrière la baie vitrée, des pas de femmes puis une silhouette. Arrive enfin une très belle femme, distinguée en tailleur strict mais au décolleté suffisamment profond pour être remarqué. Elle ne fait guère attention à sa présence et dépose, sur la table, un gros dossier. Il ne la quitte pas des yeux durant tout ce temps, manifestement subjugué par cette apparition.

Madame.

Elle relève à peine la tête.

Elle : Enchantée.

Henri : Egalement. Maître Henri Dutertre, avocat au barreau de Bordeaux.

Elle : Je sais qui vous êtes, monsieur Dutertre.

Elle se retire. Il la suit jusqu'à ce qu'elle s'éloigne. Un temps. Il sort son téléphone portable et compose un numéro.

Henri : Allez décroche… Allez ! Sylvana, Sylvana… Ce n'est pas la peine d'avoir une secrétaire si elle reste injoignable ! Je ne sais même pas de quelle affaire il s'agit. Quelle heure il est ? Voilà, évidemment ma montre est arrêtée ! *(Il regarde à nouveau son portable)* Pas de réseau et pas d'heure. Et merde !

Il range son portable et tente de se calmer. Hésitant, il se rapproche du dossier laissé par cette femme. Il l'ouvre puis s'étonne de ce qu'il découvre.

Qu'est-ce ça veut dire ? On nage en plein délire.

On entend les mêmes pas de femme. Il se rassoit et prend une attitude faussement sereine. En entrant, elle lui sourit sans un mot. Elle se tient droite, fixant Henri d'un regard perçant et amical, charmeuse. Silence interminable. Il oscille entre gène et contenance. Après un temps, il se lance.

Henri : Si vous me présentiez le dossier plus en détail.

Elle : Le dossier ?

Henri : Nous avons bien rendez-vous ?

Elle : Ah oui, bien sûr. Le dossier. Vous n'êtes pas au courant, j'en suis désolée.

Henri : Je vous en prie. Un café ?

Elle : Oui, s'il vous plaît.

Henri sert une tasse.

Henri : Je vous préviens, il n'a pas beaucoup de goût.

Elle : Sans sucre, merci. Je fais attention à ma ligne.

Henri : C'est réussi. Tenez. *(Il la sert)* Alors ? *(Un temps)*

Elle : Si on y réfléchit, c'est difficile d'être satisfait de son existence.

Henri : N'est ce pas.

Elle : La vérité, l'oubli, l'amour…

Henri : …

Elle : La fidélité, la trahison, la vie…

Henri : Pff...

Elle : … La Mort.

Henri a un rire moqueur.

Quels sont les critères qui nous permettent de définir le sens d'une vie réussie ? *(Un temps)* Vous saisirez mieux lorsqu'il arrivera.

Henri : Qui ça, il ?

Elle : Mon acolyte. La confrontation ne peut avoir lieu qu'en sa présence.

Henri : Il doit y avoir un malentendu. Je ne m'occupe pas des divorces.

Elle rit, gentiment compassionnelle.

Elle : Pardonnez-moi, c'est le mot ''divorce''.

Henri: Réfléchissez avant d'engager la procédure, simple conseil. Ce fut un plaisir.

Il s'apprête à partir.

Elle : Vous ne pouvez pas partir ainsi !?

Henri: Mon refus ne devrait pas vous surprendre.

Elle : Pourquoi donc ?

Henri: Vous êtes parfaitement renseignée sur mon compte. Un peu trop même. Vous auriez pu savoir que je n’étais pas l'homme de la situation.

Elles : Souvent, les circonstances font que l'homme est, ou n'est plus, de la situation.

Henri : Dans quel but avez-vous recueilli toutes ces informations ? C’est démesuré pour un simple divorce...

Elle répond par un sourire énigmatique. Il se rapproche.

Il y a des enjeux cachés, vous ne pouvez pas décliner votre identité avant de vous être assurée de ma probité. Je comprends. Ça fait longtemps que vous êtes mariés ?

Elle : Oh ! Disons une éternité.

Henri : Vous avez des enfants ?

Réponse négative par un mouvement de tête amusé.

Un héritage important ? Le patrimoine industriel mis en péril par votre séparation, c’est ça !? En partant, vous touchez à l’empire familial, attention, ‘’danger’’ sur le capital ! Finalement, ça pourrait m’intéresser.

Elle : Ne vous laissez pas abuser par de mauvais fantasmes, monsieur Dutertre. La vérité est nettement moins vulgaire.

Henri : Dans ces conditions, je vous donnerai le nom d’un confrère très compétent. Il sera plus disponible et conciliant que moi. Et ne perdez pas votre temps à enquêter sur son profil, si je vous le recommande, c’est qu’il est fiable. Vous savez où me joindre, je pense.

Il prend l'épais dossier au passage, va vers la porte, fermée, et revient sur ses pas.

Vous n'auriez pas la clef par hasard ?

Elle : La clef du paradis ?

Henri : Pour le trousseau menant à l'Eden, je vous fais confiance.

Elle : Nous aurons peut-être l'occasion d'y revenir ; plus tard.

Henri : Une fois votre liberté retrouvée ?

Elle : Ce n'est pas de ma liberté dont il s'agit.

Henri : En dehors de ce problème de clef, la mienne est totale.

Elle: En êtes vous si sûr ?

Henri : Bon j'avoue, je suis marié ; vous aussi. Dans mon métier, nous sommes souvent confrontés à la tentation. Comme à l'instant. Cela vous pose un problème ?

Elle : La morale n'est pas de mon ressort.

Henri : Du mien non plus.

Elle : J'avais compris. Vous n'êtes pas encore prêt, monsieur Dutertre.

Henri : Tout à fait disposé à me pencher sur votre cas.

Elle : C'est le votre en l'occurrence qui me préoccupe ! Un cas de conscience oserais-je dire.

Henri : Voilà bien longtemps que j'ai résolu ce type de questionnements stériles. La vie mérite d'être pleinement vécue. On a toute la mort pour les remords.

Elle : Préférer l'insouciance à la conscience, oui, la majorité des Hommes se tue à s'en convaincre.

Elle l'évite, comme à chaque fois qu'il s'est approché durant cet échange.

Henri : Vous êtes comme toutes ces femmes n'est ce pas ? Sûres de leur beauté, mues par le besoin dominateur et rassurant de se sentir désirées.

Elle : Il est trop tard pour me désirer, monsieur Dutertre. Ça y est, je suis là, devant vous. Inutile de me siffler pour que j'accoure !

Henri : Je n'ai pas de temps à perdre avec les formules hypocrites. Le mystère que vous laissez planer, désolé, ça sent le préfabriqué.

Elle : Ah oui ? A quoi voyez-vous cela ?

Henri: A cette manière de me jauger, de m'appâter, de m'éviter alors qu'au fond, vous n'avez qu'une seule idée en tête. Je sais lire entre les lignes. Entre les lignes et les courbes.

Elle : Plus je vous observe, monsieur Dutertre, plus je vous écoute, et moins je sais si j'opte pour la gifle ou le dédain.

Henri : Ne jouez pas au chat et à la souris, avec cette froideur qui se voudrait méprisante. C'est vous qui m'avez fait venir ici, c'est vous qui m'avez choisi alors n'inversez pas les rôles.

Elle : Vous ne pouvez pas concevoir que les femmes vous résistent, monsieur Dutertre.

Henri : C'est tout l'inverse, je ne sais pas leur dire non.

Elle : C'est donc que vous êtes sous domination.

Henri: Non, j'assume mes sentiments ; enfin mes désirs. Faites-en de même.

Elle : Assumer ses désirs, ce n'est pas systématiquement y céder.

Henri: Nous n'avons aucune idée l'un de l'autre mais aussi absurde que cela puisse paraître, j'ai pleine confiance en vous. Mon attirance n'a rien d'un vœu pieu ou d'une incantation. Juste une évidence, réciproque. Ne niez pas, cet éblouissement, vos yeux me le renvoient avec force.

Elle : Je serais donc votre miroir ?!

Henri : Oui, votre visage si tristement radieux comme le reflet de mon cœur.

Il l'enserre. Elle lui échappe une nouvelle fois, non sans le gifler.

Henri: Pressé de comprendre pourquoi ma secrétaire m'a envoyé me jeter dans vos filets. *(Un temps)* La simplicité touche au sublime quand elle est rare. Tant pis. Refuser l'évidence, c'est perdre son temps.

Il tente de forcer la porte.

Elle : Un homme comme vous, aussi irrésistible, si habile dans la manipulation des mots ne peut pas perdre son temps avec moi. Un peu d'amour propre, monsieur Dutertre.

Henri : Oui. Pardonnez-moi si je vous ai brusquée, ce n'est pas dans mes habitudes. Vous… Je… Non, c'est idiot. Je n'avais encore jamais éprouvé cette fascination. Vous n'y êtes pour rien. Enfin si. Je… Je ne me sens pas capable de lutter, c'est à la fois irrationnel et fatal. Faut-il décrire le chavirement, l'envoûtement, le désordre que vous provoquez en moi ? Je suis abasourdi par ce qui m'arrive. Vous avez raison. Je vais souffler un bon coup et reprendre mes esprits. Dehors. Si je parviens à ouvrir cette satanée porte.

Elle s'approche langoureusement et lui tourne autour.

Elle : Vous ne savez pas vers quoi vous vous dirigez. Il existe tellement de façons de procéder. Douce ou voluptueuse, violente, naturelle ; par le déchaînement des éléments, par les armes, par les larmes, par pitié aussi… Un simple concours de circonstances. Le destin si vous préférez.

Henri Et nous sommes destinés l'un à l'autre, oui.

Elle effleure sa joue.

Elle : Je suis avec vous, près de vous... L'âme effleurée par un souffle chaud. Ce parfum… Une évidence, oui.

Elle s'abandonne un peu plus, l'embrasse du bout des lèvres ; Henri se laisse faire. Un toussotement grave se fait entendre. Puis une ombre apparaît. Elle desserre l'étreinte. Un homme plus âgé, barbu, à la classe et l'autorité naturelles, entre.

Lui : Comment réagit notre brebis égarée ?

Henri : Maître Henri Dutertre, avocat au barreau de Bordeaux.

Lui: Je sais qui vous êtes, monsieur Dutertre.

Henri J'imagine.

Elle : J'ai dévoilé certaines informations à Monsieur Dutertre mais il ne les a pas encore mises en perspective. Il ne ferait pas cette délicieuse tête d'ahuri sinon.

Henri Monsieur Dutertre vous remercie.

Elle: Henri. Je peux vous appeler Henri ? En toute chose, raison fait loi. *(A lui)* Il t'attendait avec impatience.

Lui: Généralement, on m'espère le plus tard possible.

Elle ouvre la porte et s'apprête à franchir le palier.

Elle : Je ne serais pas longue. Ne prenez aucune décision en mon absence, conseil d'amie.

Elle sort. Un temps.

Henri: Nous ne nous serions pas déjà vus ? Dans les journaux peut-être. Alors, je vous écoute.

Lui : Vous ne savez donc pas ?

Henri : Je sais juste que votre femme est particulièrement charmante mais assez peu loquace.

Lui : Monsieur Dutertre, vous devez comprendre que la finalité de l'existence est une source inépuisable de réflexions. Et une succession de choix et d'engagements.

Henri : Pff… C'est un conseiller conjugal ou un psy qu'il vous faudrait, pas un avocat.

Lui : Je ne peux rien vous dire de plus avant son retour. Elle piquerait une colère sans nom, une colère froide.

Henri : Tant mieux, ce sont les meilleures.

Lui : Oui ?

Henri : Ben oui, les beautés polaires, les blocs de glace, ce sont les… les meilleures.

Lui : La meilleure je ne sais pas mais oui, vous avez raison, telle que vous la voyez, elle est belle, monsieur Dutertre.

Henri : Très belle même.

Lui : Elle vous plait, c'est une affaire entendue ! C'est d'ailleurs l'un de ses meilleurs atouts. Mais l'attirance qu'elle provoque à priori n'a d'égal que la répulsion qu'elle génère à posteriori.

Henri : A posteriori de quoi ?

Lui : Vous ne vous posez jamais les bonnes questions, monsieur Dutertre.

Henri : Quant à vos réponses, elles sont d'une rare clarté, monsieur… ? Monsieur ? *(Un temps)* C'est elle qui a pris la décision ; de la rupture !?

Lui : Votre mode de fonctionnement est décidément bien terre à terre.

Henri : Eh bien justement, soyons concrets. Je refuse ce contrat. Les affaires privées ne sont pas de mon ressort. J'ai vainement tenté de lui expliquer mais elle a surtout mis en avant ses propres arguments. *(Un temps)* Surtout ne le prenez pas mal, hein ?! Je ne vous connais pas et cependant, je ne vous aime pas. Enfin, je ne vous sens pas, c'est instinctif.

Lui: Ohohoh…! Vous n'êtes pas encore prêt.

Henri : Je croirais l'entendre. Vous formez un sacré couple, tiens.

Lui : Oui. Et non.

Henri : Il y a un truc qui ne colle pas. Vous êtes vraiment ensemble ?

Lui : Oui. Et non.

Henri : Depuis longtemps ?

Lui : Oui. Et non.

Henri : Vous l'aimez ?

Lui : Oui. Et non.

Henri : Elle a un cul superbe, oui. Elle me plaît, oui. Et je crois que je lui plais, oui !!

Lui : Je ne suis pas certain que votre projet soit adapté aux circonstances.

Henri : Les femmes ne sont pas des circonstances.

Lui : Elle n'est pas cette femme là, au sens où vous l'entendez communément. Et nous ne sommes pas à nous quereller dans une basse-cour, alors cessez ce comportement de jeune coq arrogant et ridicule. *(Un temps assez bref)*

Henri : Vous vous croyez infaillible ?

Lui : L'infaillibilité ! Il n'est pas question d'orgueil dans le cas présent mais de morale.

Henri: Pff… Je ne vois pas pourquoi j'essaye de discuter avec vous.

Lui : Parce que vous n'avez pas le choix.

Henri : On a toujours le choix.

Elle réapparaît, tirée à 4 épingles, un nouveau dossier sous le bras.

Lui : Votre agitation, vos provocations sont vaines, ne voyez-vous pas ?

Henri : Je vais devoir prendre congé. *(A elle)* Avec regret en ce qui vous concerne.

Elle : Non Henri, s'il vous plaît.

Henri : Qu'est-ce que vous attendez de moi ?

Lui : Que vous choisissiez !

Elle : Ne sois pas si brutal.

Henri : Choisir ? Choisir ? Mais choisir quoi ? Je vous ai donné ma réponse, déjà !

Lui : Non monsieur Dutertre. Pas encore.

Elle : Il voulait dire "que vous choisissiez" entre nous deux.

Henri Pardon ?

Il part dans un fou rire, à peine forcé, puis tranchant.

La tournure que prend cette entrevue devient franchement déplaisante. Les jeux pervers, très peu pour moi.

Lui : C'est tout le contraire monsieur Dutertre. L'enjeu est d'une limpidité inéluctable. Tout homme est habité par le désir de s'accomplir. De par sa spiritualité, il tend à une réconciliation définitive avec lui-même, avec les autres, avec Dieu.

Henri essaye d'ouvrir la porte qui lui résiste.

Henri Je ne crois pas en Dieu.

Lui : Que vous croyiez ou non n'est pas la question. Dieu est espérance. Et l'espérance en la vie éternelle trouve sa source dans votre cœur, dans votre âme. Voici donc venu le moment ultime et fondateur, monsieur Dutertre, celui du choix définitif.

Elle : Tu manques toujours d'à propos dans tes sermons. Tu es si brutal.

Lui : Je ne peux pas être plus clair. Prenez quelques instants pour méditer, monsieur Dutertre. Ce choix vous engagera pour l'éternité.

Elle : L'éternité est un bien grand mot. On devrait parler de l'éternité de l'instant Henri, ou plutôt d'un sentiment d'éternité, le sentiment d'un instant.

Lui : Ne l'écoutez pas. Son discours est dangereux.

Elle : Tu lui proposes l'éternité en brûlant les étapes, il ne peut pas suivre. Henri n'a pas encore pris conscience du présent que tu es déjà à évoquer son avenir.

Henri interrompt leur débat.

Henri : Oh !!!! Vous tentez de m'enrôler, c'est ça ?! C'est quoi votre mouvement ? J'ai une déontologie. Je ne défendrai jamais, vous m'entendez, jamais, la moindre organisation sectaire. Les comptes occultes, les déviances sexuelles, les meurtres collectifs. Jamais !

Henri tente par tous les moyens de forcer la porte.

Lui : Attention à ne pas gaspiller l'énergie qu'il vous reste en allégations douteuses, monsieur Dutertre.

Elle : Laisse-lui le temps d'assimiler. Henri, il n'existe pas d'autres issues.

Henri : Attendez. *(Un silence)* Je suis votre otage, c'est cela !?

Elle : La vie même vous prend en otage.

Henri : Ce qui s'est passé tout à l'heure ?! Un piège pour m'attirer dans vos combines…

Elle : Non… Je vous assure que non. Essayez de comprendre…

Henri : C'est bon, j'ai compris merci. Ok, j'ai eu des relations extraconjugales. Surtout ces dernières années. Parce que je me présente aux prochaines élections municipales, vous pensez pouvoir me faire chanter ?! Ah ah… Je comprends mieux ce baiser langoureux, plein de promesses. Laquelle aura été assez conne pour croire que j'allais payer pour son silence ? Ma femme connaît le nom de chacune de mes maîtresses, je n'ai aucun secret pour elle à ce sujet.

Lui : Vous vous enfoncez, monsieur Dutertre.

Henri : Vous vouliez que je choisisse alors je vais choisir. Combien ?

Elle & Lui ???

Henri : Vous voulez du fric ! Alors combien ? J'appelle la banque et l'affaire est réglée dans le ¼ d'heure, à condition que vous restiez dans le domaine du raisonnable. Je vous rachète ma liberté.

Elle : Il n'y a plus rien à acheter, Henri.

Lui : Si ce n'est votre âme.

Henri : Ne proférez pas de menaces ! Pas avec moi.

Elle : Calmez-vous, ce n'est pas aussi simple. *(Un temps)*

Henri : Alors quoi ? Qu'est ce que vous voulez ?!? Le préfet et le procureur de la République sont des intimes, ne m'obligez pas à remuer ciel et terre. Combien ? C'est votre dernière chance.

Lui : Le temps n'est plus au mouvement mais au bilan si vous me permettez cette analogie comptable. Et comptables, nous le sommes, de vos faits et gestes, de vos faiblesses, de votre humanité, de vos valeurs…

Henri : On se connaît ? Non bon alors… Vous vous prenez pour qui ? Ne me jugez pas sur des ragots, sur quelques écarts ou sur de vagues préjugés. Personne ne se résume à son CV, fut-il contestable.

Elle : Henri…

Lui : A qui ne seras-tu pas étranger si tu l'es à toi-même ?!

Henri : Pff… Quoi que j'envisage, vous m'avez déjà condamné.

Un temps mis à profit pour tenter de reconstituer ce puzzle.

Ouais d'accord… Je crois que j'ai saisi. Seillères vous a engagé, n'est-ce pas ?

Elle & Lui : ???

Henri : Jacques Seillères. Depuis sa faillite, il m'en veut à mort. J'ai tout donné sur ce dossier. Il avait trop déconné avec le fisc, je ne pouvais plus rattraper le coup ! Bon c'est vrai, je pensais limiter la casse mais quoi, qu'est-ce qu'il veut exactement ? Récupérer son fric ? Me pourrir la vie !? Se venger ?

Lui : Jacques Seillères ? Jacques Seillères ?

Elle : Il vient de mettre fin à ses jours.

Lui : C'est ça. J'ai toujours eu du mal avec les suicidés.

Henri : Seillères s'est suicidé !? Comment vous le savez ? Seillères s'est suicidé. Non… Non. Il n'avait pas fini de me régler mes honoraires. Pardon, mais la compassion ce n'est pas ma tasse de thé. Écoutez les duettistes, si ce n'est pas un kidnapping ou une tentative d'extorsion, j'ai des affaires urgentes à régler. Ciao !

Lui : Je ne vois pas très bien où tout cela nous mène.

Henri : A mon bureau. Je vaque à mes occupations. Sérieuses, honorables et légales. Merci.

Lui : Là, c'est de la présomption ou de l'ignorance.

Elle : Accordons-lui le bénéfice du doute, optons pour l'ignorance.

Henri : Ne vous avisez pas de me retenir. Je sors, vous ne bougez pas et j'oublie tout. Vous n'entendrez plus jamais parler de moi. Donnez-moi la clef maintenant !

Lui : Prenez quelques instants pour réfléchir, monsieur Dutertre. Vous comprendrez alors la parfaite cohérence des derniers événements.

Henri : Il commence sérieusement à me sortir par les trous de nez, le barbu avec sa prétention satisfaite et son phrasé de procureur corrompu.

Lui : Je vous prierai de faire montre d'un peu plus de respect pour mon âge.

Elle : Et pour sa barbe.

Henri : Un proverbe grec dit que si la barbe suffisait à la sagesse, un bouc vaudrait Platon.

Elle : Un bouc. Il a osé le comparer à un bouc. Excellent.

Lui : Vous frisez l'insolence.

Henri : Jongler avec la vanité des hommes, j'en ai fait mon métier alors…

Henri, soudainement fébrile, va se rasseoir et les regarde incrédule.

… Votre espèce de fatuité grotesque ne m'impressionne guère.

Lui : Là où l'expérience directe est impossible, il nous faut employer un langage symbolique.

Henri … Mes jambes ne me portent plus.... Je ne suis plus maître de rien. Qu'est-ce que… ? La clef. Faut que je sorte d'ici.

Lui : Il est une façon imagée de dire ce qui échappe à vos sens. L'essentiel est là.

Henri : Je… je perds la tête. Une montée de brouillard. Non plutôt… Comme une avalanche, à l'envers. Je vais m'évanouir. C'est… Je ne sais pas, je ne sais plus, je… Ma tête !

Lui : Acceptez d'être face à votre miroir, le voile de pénombre et de confusion qui vous aveugle se lèvera, la lumière en jaillira.

Henri : La clef, la clef. Une dernière fois, la clef ?!!

Elle : Une dernière fois Henri, il n'y a pas de clef. La porte vous est ouverte.

En titubant, Henri fonce vers la porte qui miraculeusement s'ouvre. Il s'enfuit. Les deux autres se regardent, compatissant. Noir.

ACTE II

Henri, en sueur, la cravate et la mine défaite, est prostré dans un coin, visiblement choqué. Elle et lui discutent comme s'il n'était pas là, les yeux plongés dans le dossier.

Elle : Henri Dutertre. Avocat. 48 ans. Coriace. Et séduisant.

Lui : De toute évidence, il est rodé aux joutes oratoires et aux négociations interminables.

Elle : Ce n'est pas un client facile.

Lui : Ce n'est pas un client. Je me suis toujours demandé ce que les hommes pouvaient ressentir en arrivant ici. Aucun d'entre eux n'a jamais réussi à imaginer quelque chose qui ressemble un tant soi peu à la vérité.

Elle : Ce qu'ils ressentent !? Si toi tu ne peux l'imaginer, personne ne le pourra.

Lui : Sauf eux. Chaque cas est différent. Ils sont doués d'une grande liberté. C'est tout leur charme.

Ils regardent Henri, sans marquer d'émotion particulière. Ce dernier les écoute.

Elle : Il a du tempérament, de la prestance.

Lui : Il est cynique et grossier. Avec un faible pour toi. Partagé semble t-il.

Elle : Mm mm… Il paraissait si sûr de lui. Eu égard à la situation, j'ai éprouvé une réelle compassion. Et un désir irrépressible.

Lui : Ce Monsieur Dutertre n'a pourtant rien d'exceptionnel.

Elle : Il est comme un enfant, surtout devant les femmes. Mélange de candeur et de certitudes. Il cherche plus à être aimé qu'à convaincre. Il y a en lui une incroyable féminité. Beaucoup de femmes rêveraient de rencontrer un homme affichant cette sensibilité. Les femmes le rassurent. En se protégeant, il les protège.

Lui : Féminité, miroir trompeur, piège à Narcisse.

Elle : Mais il déteste leur être confronté. C'est un homme qui se bat contre ses démons, toujours à flirter avec le précipice. En permanence animé par une rage dévastatrice et un cœur énorme, il résiste. Sa force est de ne jamais sombrer. Sa faiblesse, de toujours avancer si proche du gouffre.

Lui : Tu ne me décris rien moins qu'un être humain.

Elle : Le magnétisme en plus.

Dieu : L'homme est imprévisible. *(Il se tourne vers Henri)* Monsieur Dutertre ?

Elle : Chut ! Attends encore un peu.

Dieu : Monsieur Dutertre, le moment est venu d'apporter un nouvel éclairage sur ces derniers instants.

Elle : Nous pourrions respecter sa souffrance.

Dieu : L'homme craint la souffrance plus que la mort.

Elle : S'il te plaît, non !

Dieu : Nul d'entre nous ne peut échapper à la vérité. Nul d'entre nous ne peut échapper à sa vérité.

Elle : Je ne tiens pas à entendre ton sempiternel prêchi-prêcha.

Elle s'apprête à sortir.

Dieu : Ne te laisse pas amadouer par ses larmes.

Elle : Tu te demandes ce qu'ils peuvent ressentir. Et moi donc ?! Ce n'est pas parce que je n'ai le droit à aucun repentir, parce que je suis l'aboutissement absolu que je ne ressens rien. Je porte en moi l'amour des hommes. Et je n'obtiens en retour qu'afflictions, désolations ou insultes. Je n'en peux plus de tous ces cris et ces supplications.

Dieu : L'as-tu entendu se plaindre de son sort, se lamenter jusqu'à maintenant ?!

Elle : A force de ne rien vouloir entendre ni voir des peines du monde, je finis par ne plus me supporter.

Dieu : Non, non, non, non, non… Tu te comportes comme lui, comme un humain, ce n'est pas raisonnable.

Elle : Qu'y a-t-il de plus humain que la mort ?

Dieu : Je n'aurais jamais cru cela de toi.

Elle : Mais tu n'as jamais rien cru de personne. Tu ne demandes qu'à ce qu'on croit en toi, le reste t'indiffère.

Dieu : Faux ! Mon amour pour les hommes est incontestable.

Elle : Alors observe-les d'un œil plus attentif, et tu verras que leur monde, ton monde, est bien plus complexe que tu ne l'aurais jamais désiré.

Dieu : C'est un monde, ça ! Toi mon ombre, ma fatalité, comment peux-tu m'offenser de la sorte, et douter de ma capacité immémoriale à déchiffrer l'humanité dans ce qu'elle a de plus universel ?!?

Elle : En ce moment, je ne doute que de moi-même…

Un temps. Henri est toujours à terre, très ému.

Henri : Lorsque je l'ai vu arriver au bureau, je ne me suis pas méfié. Il y a à peine un an, c'était encore un ami alors, quand Sylvana, ma secrétaire, m'a appelé par l'interphone pour m'annoncer sa présence, j'avais imaginé qu'il venait s'excuser ou discuter, bref renouer les fils de notre relation.

Il était là, face à mon bureau, dans le grand fauteuil en cuir noir que je réserve aux bons clients. Je nous servais 2 whiskies au mini bar, de dos. J'ai entendu un petit clic mais je n'ai pas compris tout de suite qu'il enclenchait son Beretta.

Quand j'ai tourné la tête pour lui demander s'il prenait des glaçons, Seillères a tiré. Deux coups. Après, je ne sais plus. Le trou noir. Je me suis réveillé ici, plus ou moins. J'ai cru à un mauvais rêve.
C'est quand je me suis vu à l'instant dans le miroir de l'étage au bout du couloir, que ça m'est revenu. Tout ce sang encore frais, la cervelle éparpillée, la gueule défigurée... Je ne dois pas être beau à voir.

Elle : Détrompez-vous, Henri.

Henri : Seillères, son procès, sa déchéance, ses menaces… Je lui ai évité la prison, c'est ainsi qu'il me remercie. Une balle en pleine poitrine. La seconde dans la tête, bang ! On peut dire qu'il ne m'a pas loupé.

Elle s'assoit à ses côtés.

Je peux lui parler ?

Elle : Seillères ?

Henri : Oui.

Dieu : Impossible. Son cas n'est pas plus tranché que le votre. Après peut-être.

Henri : Il s'est suicidé m'avez vous dit.

Elle : Juste après vous avoir assassiné, il a glissé le canon de son arme dans sa bouche. Sous les yeux de votre secrétaire.

Henri : Sylvana ?

Elle : Elle est sous le choc. Vivante mais sous le choc.

Henri : Je suis où alors ? Dans l'antichambre de la mort, c'est cela ?

Dieu : Plus sobrement, vous êtes mort !

Elle : Je confirme.

Henri a des soubresauts puis il éclate en sanglots.

Dieu : Vous êtes hors du temps et de l'espace, vous le décriviez si bien précédemment.

Elle : Chut… Il a besoin d'évacuer, c'est… c'est humain.

Elle a quelques gestes attentionnés pour Henri.

Je me suis souvent demandé ce qui pourrait le mieux consoler ceux qui pleurent, ceux qui ont peur. J'ai toujours eu l'intuition que ceux que j'avais emportés n'étaient pas éteints, ni absents mais terriblement vivants. Une forme de bonheur qui les transfigurerait, leur permettrait de conserver une délicatesse d'âme, une tendresse ...

Dieu : Ma foi, tu prêches pour ma paroisse.

Elle : Je t'ai trop écouté sans doute.

Dieu : La grande et triste erreur de ceux qui restent sur terre est de s'imaginer que les morts les quittent. Ils se trompent. Les morts demeurent en pleine lumière. Ce sont les autres, les vivants, qui sont dans l'ombre.

Elle : A charge pour ceux qui les ont connus, de faire vivre leurs ''chers disparus'', de les garder bien au chaud dans leurs mémoires...

Dieu : Les morts sont du côté des vivants, plus présents que jamais.

Elle : Et ceux qui restent sur terre ne les verraient pas, simplement parce qu'une sorte de nuage obscur et touffu les enveloppe ?!

Dieu : Tandis que les morts les voient quand ils sont à mes côtés, absolument.

Elle : Bien sûr ! Les morts tiennent leurs beaux yeux pleins de TA gloire arrêtés sur les yeux pleins de larmes de ceux qui restent. Et leurs lèvres brûlantes sur la bouche glaciale de la mort…

Elle embrasse brièvement Henri.

Ô consolation ineffable, les morts sont des invisibles, ce ne sont pas des absents.

Comme un défi à Dieu, elle embrasse avec passion Henri.

Dieu : Hum…Hum.

Elle : Vous embrassez si bien… Quel dommage.

Dieu : Pourquoi ces deux lèvres rivées et cette compassion feinte ? Tu renies tes propres fondements.

Elle se relève.

Elle : Non bien sûr. J'aimerais y croire. J'aimerais espérer.

Henri : Restez, je vous en prie. Restez près de moi.

Elle : Je suis désolée.

Henri : J'ai besoin de vous.

Elle : Oui, je sais. Je n'ai pas le droit. Je ne peux pas. Je ne veux pas.

Dieu : La mort : une porte qui se ferme, une porte qui s'ouvre.

Il rit de son bon mot.

Ne considérez pas votre trépas comme un achèvement, monsieur Dutertre. La mort est un accomplissement, une entrée dans la vie. Cette porte qui s'est fermée dans la nuit est aussi, plus encore, une porte qui s'ouvre sur la lumière. Si toutefois vous en faites le choix.

Henri : Choisir, vous n'avez que ce mot à la bouche. Je suis crevé, kaput, dead, éteint, tué, flingué, mort, mort, mort… mort et je dois choisir ?!

Elle : Bienvenue au royaume de l'au-delà, Henri. Celui d'un monde parfait. Tellement parfait.

Dieu : Monsieur Dutertre, soit vous vous en remettez au salut, toujours possible…

Elle : Au bon vouloir divin, ses jugements qui n'en finissent pas, ses châtiments, sa morale, son ego surdimensionné...

Dieu : Soit vous plongez dans l'anéantissement infini, le rien du rien, le vide sidéral, le nihilisme total. La mort.

Elle : Vous noterez qu'il ne me présente pas sous mon plus beau profil.

Henri a un mouvement de rejet.

Henri : Mais à l'instant, vous…

Elle : Un moment d'égarement. Je suis la mort. J'incarne le choix absolu, le choix de ne pas choisir. Ni souffrance, ni béatitude. Vous ne le regretterez pas, Henri. Je vous offre le salut par le néant.

Dieu : D'un côté, le souffle de la vie éternelle ; de l'autre, le baiser de la mort !

Elle : Mes baisers expriment plus d'amour que ne le feront jamais tes sermons. Une vie d'où serait exclue la mort serait une vie sans espérance.

Dieu : Une mort d'où serait exclue la vie serait une mort sans espérance.

Henri : Assez !!!

Un temps long où il prend une conscience physique de son état. Il finit par fixer Dieu.

Dieu, rien que ça !

Henri a un rire massif.

Dieu : Je ne lui ressemble pas, peut-être ?

Elle : Il se ressemble, je trouve.

Henri : Dieu… Dieu n'existe pas.

Dieu : Éternel refrain. Faut-il, moi, que je crois en l'homme pour supporter pareilles sornettes ! C'est qu'il en serait presque insultant. Je me tiens face à lui mais non, je n'existe pas.

Henri tente de partir mais la porte est à nouveau bloquée.

Henri : Non, non ! Pas ça. Pas enfermé là, avec vous. Je ne veux pas vous voir. Pas maintenant.

Dieu : La plénitude passe par l'acceptation, malgré l'absence d'horizon immédiat. Pour recevoir un cadeau, il faut ouvrir les mains en toute confiance.

Henri : Je ne veux pas de votre cadeau.

Elle : Non, il a déjà choisi. C'est à moi qu'il accorde sa confiance, n'est-ce pas Henri ?

Henri : Je n'ai rien à faire ici. Vous l'avez dit vous-même, je ne suis pas prêt. C'est trop tôt.

Elle : Henri ?

Henri : Dieu n'existe pas, je ne veux pas qu'il existe !!! Que le diable l'emporte !

Dieu : Reconnaître Satan, c'est déjà croire en l'existence de Dieu.

Elle : Eh voilà. A chaque fois, c'est le même constat. Les moindres discussions tournent autour de lui. Comme s'il fallait me réduire à l'existence de Dieu. Mais nous sommes indissociables. Sans moi, tu n'es plus rien.

Dieu : L'homme me redoute car il te redoute. Nous sommes indissociables. Parce que je t'ai créée, accepte le une bonne fois pour toutes.

Elle : Supposition. Et incohérence. Rappelle toi ton joueur d'échec.

Dieu : Cette théorie n'a pas sa place dans le débat.

Elle : Bien sûr, tu affirmes être à l'origine de tout alors tu refuses tout ce qui ne viendrait pas de toi.

Dieu : Je ne le refuse pas. Je le conteste.

Elle : Par des préjugés. Qui peut dire que je ne suis pas éternelle ?

Dieu : Il y a forcément un début à tout.

Elle : Oui, à toi aussi. C'est moi qui donne du sens à ton existence et non l'inverse !

Henri : Choisir entre vous, c'est choisir entre la peste et le choléra.

Elle : Qui est la peste ?

Dieu: A défaut d'une réponse, monsieur Dutertre, nous serons dans l'obligation de décider à votre place.

Henri : Vous ne m'avez pas laissé entendre que je disposais d'un certain temps avant de me déterminer ?

Dieu : Vous voulez savoir ce qui vous attend dans le cas où vous opteriez pour le royaume de Dieu. C'est de toute façon la seule question.

Henri : Pas du tout. Morticcia a tout loisir également de me vanter ses atouts, très chatoyants de prime abord, la question se pose donc.

Elle : Morticcia ?

Henri : Vous avez un prénom ? Non, et je ne tiens pas à m'adresser à ''la faucheuse'' ou à ''la mort'' durant le temps qu'il me reste à… enfin à…

Elle : Vous avez raison. Cela sonne bien, Morticcia.

Henri : Adjugé, merci.

Dieu : Va pour Morticcia. Vous êtes si sûr de vous.

Henri : Oui.

Elle : C'est vrai Henri, vous ne semblez guère bouleversé !?

Henri : Mes émotions n'ont jamais occulté mes capacités intellectuelles dans un prétoire. Déformation professionnelle.

Dieu : Vous n'êtes pas dans un prétoire. Seule la loyauté a droit de cité. Ne vous cachez pas derrière l'artifice.

Henri : De toute façon, je n'ai plus le choix. A quoi bon craindre vos colères ou votre jugement ?! Je n'ai pas à rougir de ma vie. Mon parcours aurait d'ailleurs pu être plus brillant encore si vous ne l'aviez pas interrompu. Vous n'allez pas me contredire !?

Dieu : Ce n'est pas à nous de dire ce qu'il convient ; c'est à vous d'en prendre conscience au crépuscule de votre vie terrestre.

Henri : Je viens de vous répondre.

Dieu prend le dossier d'Henri et se plonge à nouveau dans ses fiches.

Dieu: Décidément, cet homme déploie une fâcheuse sérénité. Voyons-voir... Brillant parcours universitaire, accomplissement professionnel, visées politiques… Ah voilà, conquêtes amoureuses.

Elle : Fiasco conjugal.

Henri : Mon couple a résisté aux tempêtes.

Dieu : Votre femme est une sainte, vous êtes son protégé… Bien sûr.

Elle : Nous connaissons dans le moindre détail votre dossier, Henri.

Henri : Même s'il m'a fallu ravaler mon acte de baptême à plus d'une reprise, je suis parvenu à sauver mon couple ! Je n'ai aucun regret.

Dieu: Vos mensonges ne trompent personne. A part vous-même, peut-être.

Henri : Solange, ma femme, a toujours été informée de mes incartades.

Dieu : Faute avouée, à moitié pardonnée hum hum…

Henri : Avoir trompé mon épouse ne fait pas de moi un monstre ou un être amoral pour autant ; léger ou inconséquent, tout au plus.

Dieu: Et avoir une faim de loup ne fait pas de vous un loup, nous sommes d'accords. Êtes-vous croyant, monsieur Dutertre ?

Henri : Oui ; enfin, comme tout le monde.

Dieu : Vous prétendiez cependant que je n'existais pas.

Henri : … Façon de parler ! Je n'avais pas vraiment envie de vous voir aujourd'hui, nous n'avions pas rendez-vous.

Elle : Donc, vous croyez en Dieu.

Henri : Oui. Pas spécialement pratiquant mais croyant.

Dieu : Suffit-il de regarder les matches à la télévision pour se dire sportif ?

Henri : Je regarde rarement la télé. Pas le temps.

Dieu : Vous étiez donc marié.

Henri : Oui.

Dieu : A l'église.

Henri : Oui.

Dieu : Pourquoi ?

Henri : Parce que… parce que j'aimais ma femme et qu'elle m'aimait.

Dieu : Pourquoi à l'église ?

Henri : Parce que nous… nous partagions certaines valeurs, que nous sommes croyants, ma femme surtout si vous voulez tout savoir, et…

Dieu : Pourquoi ?!

Henri : … Parce que c'était important pour nos familles, par tradition…

Dieu: Répondez ! Pourquoi ?

Henri : Parce que la bonne société bordelaise se marie à l'église, voilà pourquoi ! Vous m'emmerdez avec vos questions.

Dieu : Vous avez donc juré fidélité à votre femme devant Dieu ou tout du moins, son représentant. *(Un temps)* Il perd déjà de sa superbe.

Elle : Votre femme, vous l'aimiez ?

Henri : Oui. Au début, ensuite un peu moins. *(Un temps plus bref)* Oui, je l'ai trompée plusieurs fois. On a fait 2 enfants superbes, Norbert et Chloé. Je suis resté à cause d'eux, enfin pour eux, pour leur équilibre.

Dieu: Leur équilibre comme preuve de votre réussite aux yeux de ce que vous nommez la bonne société... Ils sont baptisés ?

Henri : Oui.

Dieu: En tant que croyant pas spécialement pratiquant, vous êtes donc venus demander plusieurs services à l'église sans partager la foi de cette église.

Elle : Vous étiez heureux ?

Henri : Avec mes enfants, oui. Je les adore. Chloé passe le Bac cette année. Section littéraire. Et Norbert prépare Science-Po. Ils sont brillants, je suis un père comblé. Eh puis, je les éclaire parfois de mes lumières, ils ont besoin de moi. *(Un temps)* Ils avaient besoin de moi.

Dieu : Ils ont toujours besoin de vous. Votre femme aussi.

Henri : Ouais. Solange. Avec elle, nous avions établi une sorte de ''gentleman agreement''. Elle ferme les yeux sur mes écarts, mes absences et… Nous habitons une superbe propriété vinicole. Mes affaires marchent bien alors… C'était confortable pour elle voilà. Elle a eu des amants elle aussi, qu'est-ce que vous croyez ? Allez lui demander !

La mort et Dieu se regardent, interrogatifs.

Enfin non, attendez encore un peu.

Elle : Je répète, Henri. Vous étiez heureux ?

Henri : … Vous ne savez pas ce que c'est de vivre avec une angoissée dépressive, une femme qui ne partage pas votre ambition, qui se refuse à vous la plupart du temps, qui vous fait la gueule au moindre prétexte, qui s'enferme des heures durant dans la chambre sans raison alors que vous rentrez tard, après un repas d'affaire qui vous a autant gonflé qu'elle ; une femme capable d'éclater en sanglots à table, justement le jour où on reçoit le préfet à dîner !

Elle : Pourquoi ne pas l'avoir fait soigner ?

Henri : Elle refusait de se voir comme une malade. Elle refusait de m'écouter.

Dieu : Lui avez-vous laissé le choix ?

Henri : Oui. Bien sûr elle aurait souhaité me voir plus souvent à la maison. Plus de disponibilité, d'intimité. Mon métier m'accaparait.

Dieu : Votre ambition, surtout.

Henri : Elle a parfaitement su profiter du fruit de mon ambition. Elle n'a pas voulu me suivre, vivre dans l'ombre d'un homme public, partager mes passions.

Dieu : Partagiez-vous les siennes, monsieur Dutertre ?

Henri : Elle n'en a pas ! Elle n'était heureuse que sur un transat à bronzer près de la piscine, à prendre le thé, à faire le paon au beau milieu de toutes ces dindes, ses amies liposucées qui ne trouvent rien de plus intelligent que de jacasser sur mon dos ou de fantasmer sur le jardinier.

Dieu : En deux mots, vous reconnaissez avoir épousé une femme avec qui vous n'aviez pas grand-chose en commun ; de fait, une femme que vous avez rendue mélancolique.

Henri : Une femme qui m'a fait tourner en bourrique aussi !! Il y a des cas où le compromis est préférable à la séparation. Mes enfants n'auraient pas supporté un divorce. Solange aurait trop souffert de la solitude.

Elle : Belle grandeur d'âme.

Dieu : Vous qui aviez tant besoin d'avoir une femme auprès de vous, une femme intelligente et sensible, une femme admirée, vous êtes allé la chercher dans d'autres foyers.

Henri : Oui, trois fois oui, dix mille fois oui et que j'aille en enfer si je le mérite, je suis allé voir ailleurs. Et je ne le regrette pas, c'est ce qui m'a permis de tenir.

Dieu : Tenir, tenir jusqu'où, pour aller où ?

Henri : Pas pour aller quelque part, juste pour rester, rester fidèle à moi-même, à mes idéaux, rester libre !

Dieu : Accepter de se reconnaître soi-même tel que l'on est, même si c'est décevant, même s'il y a des ratés, des échecs, c'est là que commence la liberté.

Henri : Vous n'avez qu'à commencer, vous, à reconnaître le divorce et le mariage des prêtres, les brebis se sentiront plus libres avant de s'égarer…

Dieu : Vous me tenez pour responsable de l'absurdité du monde. Mais qui se cache derrière le non sens de votre vie, si ce n'est vous même, vous les hommes ? Je ne peux magnifier votre humanité sans votre engagement plein et total. Vous n'avez aucune idée de ce dont vous étiez capable.

Henri : Oui ben ce n'est plus aujourd'hui que je vais faire mes preuves.

Dieu : Si tout ce qui a fait votre vie et votre sagesse, vous les avez donné à l'action, sans rien réserver pour la réflexion, puis-je chanter vos louanges ?

Henri : Pff… Je n'en sais rien. Non. Peut-être pas.

Dieu : Dommage que vous n'ayez jamais entendu cette parole de Salomon : ''Qui limite son action acquerra la sagesse''.

Henri : Ah… Vous êtes un sage depuis longtemps.

Dieu : Depuis toujours.

Henri : Parce qu'on ne peut pas vraiment dire que vous ayez beaucoup agi pour l'humanité ces derniers millénaires.

Dieu : Éternel questionnement, jusqu'à la caricature, de l'homme qui éprouve ce sentiment d'injustice et d'extravagance face à l'impalpable. Comment tolérer que vous soyez marqués au fer rouge de tant de finitude, que la joie de vivre doive un jour se briser sur le mur de la mort ? Votre imagination ne peut repousser suffisamment les limites du possible, monsieur Dutertre, restreint que vous êtes par une intelligence trop frustre.

Henri : C'est vous qui nous avez créés, non ? Donc c'est de votre faute. Si je suis trop con c'est que vous avez été trop égoïste.

Elle : Si je devais un jour être jugée, je vous choisirai comme défenseur, Henri.

Dieu : Vous savez ce que vous risquez à proférer ce genre d'inepties ?

Un temps qu'Henri met à profit pour savourer.

Henri : Rien de pire que de voir le juge me condamner après avoir lui même instruit l'affaire.

Dieu : Soyons positif. Vous reconnaissez que je suis le seul juge.

Henri : Je reconnais que vous êtes juge, seulement juge.

Un temps où Dieu hésite sur l'attitude à adopter.

C'est facile de torturer les esprits comme vous le faites en permanence, de réclamer à chacun dévotion, introspection et soumission. Ma paille n'occulte pas la poutre qui vous traverse la tête !

Elle semble prendre parti pour Henri. Dieu se retire.

Elle : Parlez-lui de la théorie du joueur d'échec, cela va l'agacer.

Henri : Quel joueur d'échec ?

Elle : Il considère votre monde comme un échiquier où les pièces sont déplacées par lui. A une époque, il s'était persuadé qu'il n'était lui même qu'une pièce sur un échiquier plus grand que le sien. Qu'un autre joueur d'échec, plus majestueux encore, était au dessus de lui.

Henri : Dieu est capable de douter à ce point ?

Elle : Comme tout créateur confronté au pouvoir et à l'indépendance de ses créatures. Nous passons tous par des moments de nuit, de désert.

Henri : Si Dieu est infini, il existerait un Dieu de Dieu encore plus infini.

Elle : C'est ça.

Henri : C'est… c'est sans fin !

Elle : Oui. Et sans début.

Henri : Cela ne rime à rien.

Elle : Il est perturbé par le poids de ses responsabilités, comprenez le.

Henri : Il est son meilleur bourreau.

Elle : Il est mon meilleur bourreau.

Henri : Vous l'aimez ?

Elle éclate de rire.

Elle : Quelle question !

Un long regard associé de sourires complices les unit.

Henri : Vous êtes une sainte, alors.

Elle : Seules les mortelles peuvent être sanctifiées.

Henri : Et votre grâce est immortelle.

Elle : Merci. Vous aviez déjà pensé à moi ? A me mettre un visage ?

Henri : Un visage en tout point comparable au votre. C'est fascinant.

Il s'approche tendrement. Elle lui tourne autour, sensuelle.

Dès le premier regard, je vous ai aimée. Pas comme on aime une femme séduisante mais comme on aime la femme, celle que l'on attend, qui nous attend. Dans son essence et son intégrité ; qui nous submerge. Une réconciliation immédiate avec le temps présent. Une évidence. Une providence. Ces grands yeux verts brillant de mille feux, ces lèvres de soie, ces joues subtiles et irisées... Cette fine chevelure dans ma bouche... Cette grâce insensée, ces effleurements si pudiques, si contenus, si délicats... Vous et moi ; cette danse funèbre est inconcevable.

Elle : Chut.

Henri : Vous me demandiez, bien sûr que je suis bouleversé. J'ai peur, Morticcia.

Elle : Oui, qui n'a pas peur de la mort ?

Henri : Je n'ai pas peur de mourir dans vos bras, j'ai peur de vous perdre.

Elle : Alors, gagnez du temps, Henri !

Henri : Gagner du temps… ?

Elle : Le temps d'un sursis.

Henri : Je ne suis pas en sursis mais en suspens. Suspendu à vos lèvres...

Elle : Henri chut ! J'ai une envie farouche d'être dans vos bras, dans vos yeux... Et vous dans les miens.

Elle s'abandonne.

Quitte à être bouleversée, autant bouleverser le sens du temps et risquer le déraisonnable.

Ils s'enlacent. Dieu réapparaît.

Dieu : Rien n'est donc sacré pour vous.

Henri : Si. La beauté.

Dieu : La beauté, comme vous dites, est la manifestation de Dieu ! Viens Morticcia… … Enfin, viens ! Nous devons permettre à monsieur Dutertre de méditer en toute quiétude s'il le désire.

Henri : Je n'ai rien demandé.

Elle : A force de fatalisme, les illusions ne sont jamais que des désillusions en devenir. Nous nous retrouverons plus tard, Henri. Patience.

Ils sortent. Henri les regarde s'éloigner. Ses idées s'entremêlent dans l'exaltation.

Henri : Patience, oui patience ! Gagner du temps ?! Dis-moi comment, Morticcia ! Comment veux-tu ?! Je ne sais pas. Je ne dois pas céder.

Alors je veux bien y croire moi. Croire en toi. Il faut que je résiste, Morticcia. Résister. Résister à Dieu ? Il s'adresse à moi comme si j'étais un criminel. Ce n'est pas possible, c'est… c'est sans issue.

Non, merde ! Choisir ! Je ne peux pas. On ne demande pas à un mort de choisir, ce n'est pas humain bon Dieu !!!

Il donne un coup sur la table de rage et se fait mal.

Mais quel con ! Quel con, quel…

Il se tient la main.

Je… Attends, attends… Je ne suis pas encore mort. Bien sûr c'est ça le truc ! Je suis vivant, toujours vivant, toujours aussi vibrant !

S'ils me laissent la possibilité de choisir, ça veut dire que je suis encore maître de mon destin ; jusqu'au bout ?! Influer sur le déroulement de cette mascarade ; décider, organiser mes derniers instants. Ou faire en sorte que ce ne soit pas les derniers, peut-être ? Entreprendre exactement tout ce que je veux. Gagner du temps, oui. Vaincre le temps. J'ai compris, Morticcia !

Gagner du temps sur la mort.

Qu'est-ce que je risque après tout ? J'ai à peu près tous les droits ici. Ils ne savent pas de quoi je suis capable eh bien, je vais leur montrer. Je vais être un mortel différent des autres. Tenter de leur échapper.

Non au contraire. Ce sont eux qui ne m'échapperont pas. Je les tiens. Je les tiens, je les tiens, je les tiens…

Noir progressif.

ACTE III

Henri fait les 100 pas. Dieu revient.

Dieu : Monsieur Dutertre. Avez-vous mis à profit ce temps de méditation ?

Henri : Oui. Avant toute chose, j'exige un avocat.

Dieu : Un avocat ?

Henri: C'est la première fois ? Personne n'avait jamais osé, c'est ça ?!

Dieu : Personne ne peut oser.

Henri : Si moi. Dernières volontés d'un condamné.

Dieu : Vous imposez vos règles. Je n'accepterai jamais.

Henri : Et pourquoi pas un avocat ? Ce que vous me proposez n'est ni plus ni moins qu'un jugement.

Dieu : Le jugement viendra plus tard. Le jugement dernier, celui qui peut tout aussi bien vous envoyer au paradis que vous réincarner dans la pire des créatures infernales, ce jugement dernier qui dépasse votre entendement et votre imagination.

Henri : Alors considérons que je serais mon propre avocat le moment venu.

Dieu : Le jugement dernier est de ma responsabilité. La vôtre est de répondre à la question posée. Un avocat vous serait d'une parfaite inutilité.

Henri : C'est vous qui en auriez bien besoin ! A agiter votre épée de Damoclès au dessus de ma tête, vous vous faites piètre défenseur de votre propre cause. Je ne sais pas moi ... Le Paradis serait-il un jardin fleuri peuplé d'anges et d'élus dansant dans la lumière ? L'enfer un gouffre débordant de flammes où des démons cornus torturent à plaisir de pauvres humains sans morale ? Faites un effort, vendez moi votre sauce, vantez moi la part de Dieu !

Dieu : Je ne suis pas un représentant de commerce venu vous monnayer quelconque rédemption !

Henri : Il ne me reste que la Bible alors, quoiqu'un peu indigeste dans le genre catalogue...

Dieu : La Bible est le livre de la vie !

Henri : La vie dans ce qu'elle a de plus violent.

Dieu: La vie.

Henri : Dans ce qu'elle a de plus vulgaire.

Dieu : La vie.

Henri : Dans ce qu'elle a de plus déprimant.

Dieu : La vie éternelle.

Henri : Dans ce qu'elle a de plus moral ?

Dieu : Exactement.

Henri : La plus belle invention de l'homme pour se dédouaner de ses responsabilités, la morale. J'ai déjà défendu de sacrés salauds, faites moi confiance je sais de quoi je parle ! C'est très facile finalement, ludique même, de plaider la cause d'une belle ordure. Au moins, il y a un enjeu. Vous êtes face aux jurés qui ne demandent qu'à être convaincus et clac, d'une tirade bien sentie, vous ébranlez leur conviction sur les notions du bien et du mal. C'est en hissant le débat au niveau de ce que vous appelez ''la morale'' que j'ai gagné mes plus beaux procès, ceux qui ont fait ma réputation.

Dieu : Nous n'avons que faire de votre réputation. Toute cette énergie dépensée en actes égoïstes ; vanités ! Vanités humaines. Concrètement monsieur Dutertre, vous me confessez que vous n'avez pas de morale.

Henri : Oh si, j'en ai une, comme tout le monde. Quelques principes de base suffisent. Ensuite, je les adapte aux circonstances en essayant d'être un minimum honnête avec moi-même.

Dieu : L'honnêteté n'est pas toujours vertueuse.

Henri : La morale n'est pas si simple, je vous l'accorde. Il ne suffit pas de se référer à un code civil, pénal ou religieux pour être dans le vrai. Il ne suffit pas de rentrer dans une église pour être un saint.

Un temps bref où Dieu retrouve le sourire et une certaine bonhomie.

Dieu : Mon cher ami, monsieur Dutertre, vous me regonflez d'espoir. Votre fougue et votre foi personnelle ont au moins le mérite de me distraire.

Henri : Vous distraire… ? Vous êtes donc capable de redescendre de votre chaire ?!

Dieu : Quand les hommes me prient, ils m'avouent uniquement ce qu'ils pensent que je veux entendre. Ils sont sans surprise, récitant toujours les mêmes litanies. Comme si j'attendais qu'ils se transforment en grands mystiques. Cela est aussi ennuyeux que les conversations mondaines de vos dîners avec le préfet, Henri. Vous, vous osez m'opposer autre chose. Vous me révélez vos peurs, vos doutes, vos désirs aussi. Vous m'accablez de vos révoltes, de vos colères. Ce qui revient à me confier vos espoirs. Vous me parlez comme vous parleriez à un ami, sans craindre de me malmener, de me défier, sans peur d'utiliser un mot inexact, sûr d'être compris et écouté. Les hommes qui s'adressent à moi n'osent jamais demander ce qu'ils veulent vraiment. Vous êtes dans le vrai.

Henri : Peut-être mais je ne suis pas votre ami.

Dieu : Hélas, je ne le sais que trop bien. Mon affection pour les hommes est sans borne et sans retour. Rien d'humain ne m'est étranger.

Henri : Alors seriez vous capable, vous aussi, de faire montre d'humilité et de me parler en faisant tomber les barrières de la pudeur, ''d'ami à ami''.

Dieu : J'ai toujours voulu voir en l'homme une promesse vivante, un être appelé, malgré ses crimes, à un avenir tout neuf. Il m'est arrivé d'y discerner quelques merveilles secrètes dont la contemplation me plongeait en état de grâce. Henri, plus je vous écoute en confession, plus je me sens solidaire de votre humanité.

Henri : Je ne suis pas en confession ; en revanche, acceptez de l'être à ma demande, vous qui souhaitez tant passer pour l'ami des hommes.

Dieu : L'empathie, la bienveillance ou l'offense, les sentiments nobles ou souillés qui relient les hommes entre eux prennent corps dans un espace vital qui semble défini par ce qu'ils voient, ce qu'ils entendent, ce qu'ils touchent. Je ne parais pas dans cet espace, Henri. Ma nature est incompréhensible pour vous. Un abîme infini nous sépare.

Henri : De mes amis, je connais ce qui constitue leur identité propre, leur moelle. Vous diriez leur quintessence. Ma complicité avec mes amis s'établit au delà des mots.

Dieu : Aucun homme ne pourra jamais transcender ma nature ni s'adresser à moi d'égal à égal. Auteur et maître de la création, si immense que ni la terre ni les cieux ne peuvent me contenir, j'imprime à toute vie le mouvement de l'existence suprême. Source de lumière, juge de l'excellence, arbitre de la beauté, de la bonté, de l'ordre, la justice est répandue par mes soins.

Henri : Vous affirmez être Dieu ; prouvez-le-moi. Par votre miséricorde ou votre tonnerre, montrez qui vous êtes réellement.

Dieu : Les preuves ne sont pas d'ordre physique. Elles sont métaphysiques, mon ami.

Henri : Mes amis vivent dans les affres des angoisses humaines et quotidiennes, pas dans une bulle de béatitude. Le bouclage des fins de mois, les adultères minables ou flamboyants, les vacances aux sports d'hiver, les crises adolescentes, le dépucelage de nos filles, les élections, le trésor public, le pouvoir d'achat, les régimes diététiques… Vous ne pouvez pas vous abaisser à notre niveau. Vous souffrez de ne pouvoir rien tenter.

Dieu : Que pèsent vos paradigmes face au tombeau ? Votre finitude n'est-elle pas ce qu'il y a de plus sûr ?! Aucun homme n'y échappe. Vous avez préféré ne pas y penser, la mort est un sujet tabou.

Henri : A quoi bon y penser ? Elle nous rattrape tôt ou tard. Et toujours arbitrairement.

Dieu : Votre vie, personne ne vous l'enlève. C'est vous qui la donnez. Vous avez ce pouvoir, de la donner et de la reprendre.

Henri : Vous parlez pour Seillères, j'imagine !?

Dieu : Seillères ?

Henri : Mon meurtrier, le suicidé.

Dieu : Vous prétendiez que je n'existais pas. Nombreux sont les hommes comme vous. Jusqu'à l'ultime rendez-vous. Ne feraient-ils pas mieux de s'interroger plus tôt ?

Henri : Oui, le pari de Pascal, je connais. Mieux vaut croire en Dieu, par prudence, au cas où…

Dieu : Non, ce serait ignorer ma miséricorde et mon pardon. L'absurdité du monde qui m'est si souvent reprochée est précisément nichée dans vos propos. C'est l'absence, la non-existence de Dieu qui serait absurde, pas le monde en soi.

Henri : Je n'ai jamais provoqué de guerres, commis de crimes de sang, violé de gamines… En quoi le monde serait-il pire sans moi ? En quoi le monde est-il meilleur avec vous ?

Dieu : Plutôt que de prétendre faire de Dieu le seul maître de vérité, de se durcir dans une attitude critique et d'abaisser ce monde, votre monde, il eut fallu être plus à son écoute, monsieur Dutertre. Vous n'avez pas choisi la société brisée que vous me décrivez, cependant vous contribuez à la façonner. La foi doit trouver résonance, non pas comme une attitude de résignation à l'inacceptable mais comme un appel à garder le cap de l'espérance, au prix du courage et de l'initiative.

Henri : J'ai défendu les plus faibles toute ma vie, ce n'est peut-être pas suffisant pour vous.

Dieu : Au regard de votre train de vie, nous ne pouvons pas considérer vos œuvres auprès des plus faibles comme un renoncement à vos hautes exigences, financières à défaut d'être morales.

Henri : J'avais un certain niveau social c'est vrai, mais l'argent n'a jamais été qu'un outil. Jamais je n'ai inculqué à mes enfants l'idée selon laquelle être riche était un moyen d'être plus heureux. J'ai reçu et pris beaucoup de mes parents. Et ils n'avaient pas le culte de l'argent.

Dieu : Alors ne vous mettez pas en colère. L'obéissance à certains codes moraux est à géométrie variable, cela est vrai pour vous comme pour les autres.

Henri : J'avais foi en mon métier, en mon crédit. Ma passion de la justice ne m'aura pas mené très loin. Vous obéir, c'est mourir à petit feu.

Dieu : L'obéissance, ce n'est pas la soumission aveugle à ma volonté. D'un côté, c'est abandonner la possibilité de tenir librement votre vie dans vos mains. Mais de l'autre, elle vous offre une liberté nouvelle, celle d'être solidaire des hommes, de partager leur vie, leurs peines, leurs joies.

Henri : Je n'ai jamais eu besoin de votre intermédiaire pour être à l'écoute du monde, à commencer par mes clients ou mes enfants. Désolé mais la religion est toxique. Elle interfère. Elle n'est pas ce qui relie mais ce qui délie le lien social, en jetant les hommes les uns contre les autres.

Dieu : Vous le dites vous-même, c'est une affaire humaine, proprement humaine. Vous jouissez d'une totale autonomie de conscience ; la religion relève du libre arbitre. Elle n'est pas en rapport direct avec la réalité de mon existence.

Henri : Vous êtes habile à nous faire croire à ces nouvelles chimères. La censure éclairée, le fanatisme modéré ou l'intégrisme à visage humain.

Dieu : Ma seule volonté, inlassable, est de construire l'unité en harmonisant les diversités, d'affirmer le choix entre la servitude volontaire et l'esprit d'examen, entre les ornières et l'exercice de la liberté de jugement.

Henri : Bla bla bla... Pour l'amour de Dieu ; par haine de soi et des autres.

Dieu : Ma religion est aux antipodes d'un système culpabilisant et mortifiant. Ma présence sur terre est à comparer à celle d'un membre de la famille.

Henri : Le coup du patriarche maintenant... Vous en faîtes trop. Vous ne pouvez tout de même pas être assimilé à cela, un membre de la famille !? Pourquoi pas le petit frère ou la vieille tante ?! Un peu de décence.

Dieu : Vous commettez sur terre en mon nom les pires crimes, les pires bassesses. Je suis attaqué, agressé, vilipendé tous les jours. Et jamais je ne désarme, je suis toujours présent, avec pour seule compagnie des hommes et des femmes repliés sur leur nombril, pleurnichant sur leur sort, s'inquiétant de leurs économies et des souvenirs laissés en bas. Qui donc est indécent, monsieur Dutertre ?

Henri : Je ne me plains pas. Je démontre l'invalidité de mon décès. Une seule injustice peut ruiner la justice. Fut-elle divine.

Dieu : Les hommes qui nous arrivent ne se demandent jamais ce que nous pouvons penser ou souffrir. Nous sommes traités comme des présences exaspérantes, des solennités pitoyables.

Henri : Ah, suis-je le mieux placé pour recevoir vos plaintes, ici bas ?

Dieu : Qui d'autre, ici haut ? Vous n'affichez que ressentiment perpétuel, comme un aveu de votre fragilité consubstantielle. Durant toutes ces années, au quotidien, vous avez eu à choisir. Au final, cette succession de choix infimes, justes ou illégitimes, vous a mené à moi. A l'instant où je vous offre enfin le choix de vivre, monsieur Dutertre. Vivre, c'est aimer et aimer, c'est connaître Dieu.

Henri : Aimer ?! Vous voulez que je vous explique ce que ça veut dire ''aimer'' sur ma défunte terre ?! Demandez-moi, demandez à mon fils ou à n'importe quel gamin ! Il n'y a pas un seul garçon jeune, timide et boutonneux qui ne se soit posé de problèmes de conscience à la moindre semi-érection, à cause de vos considérations judéo-chrétiennes. La connaissance de Dieu n'a jamais eu d'autres effets que de polluer notre innocence face à ce que vous appelez choix essentiels !

Dieu : Vos arguments sont impropres, vulgaires et faciles !

Henri : Ils sont humains.

Dieu : Nous sommes d'accords. Ce qui est facile est humain. Alors cessez d'implorer le ciel, et de voir en moi la source de tous vos maux !

Henri Mais je ne vous implore pas, je vous déplore.

Dieu : L'homme doit apprendre à communier avec ses passions, à savoir les orienter. Être capable d'aimer est difficile, voilà ce que vous auriez pu enseigner à votre fils. Plutôt que de multiplier vos désirs, vous avez besoin de les approfondir.
L'irresponsabilité générale de l'humanité fait pitié. L'inanité de vos inventions, de vos envies, de vos débauches. Vous êtes médiocres, misérables, incapables d'envergure ou d'indulgence, toujours à vous soucier de votre minuscule personne. Des petits êtres malfaisants.

Un temps.

C'est toutefois ce que je confierais si je devais m'abaisser à votre niveau, d'ami à ami.

Henri : Vous devriez savoir que dans son infinie bassesse et à l'orée de la sentence, tout homme a droit à une dernière volonté.

Dieu : Soit. Je vous écoute.

Henri : Au risque de vous surprendre et quel qu'en soit le résultat, que la condamnation puisse être rendue ou non, exécutée ou pas, je souhaite procéder à votre jugement !

Dieu : Pardon ?!?

Henri : Le jugement dernier, puisqu'il n'y aura plus aucun autre jugement après, une fois que j'aurai apporté la preuve de vos prévarications, qui signifie je vous le rappelle ''abandon de la loi divine'', une fois que j'aurai convaincu le tribunal de la nécessité de vous condamner aux plus terribles peines, que vous cessiez de contraindre, et que vous abandonniez aux hommes la liberté absolue qu'ils sont en droit de réclamer.

Dieu : Quel tribunal ? Quelle condamnation ? Ohohoh… Mais enfin, vous n'avez pas le droit.

Henri : Si ! J'accuse ! Et je n'hésiterai pas à réclamer la peine capitale, si nécessaire à l'homme et à son bien être. Je demande la mise en accusation de Dieu. Je serai un accusateur impitoyable. Voilà quels seront mes derniers moments, voilà quelles sont mes dernières exigences, et voilà ce qui me permettra de choisir entre la vie éternelle et la mort définitive. J'accuse ! Je vous accuse !!!

Dieu : Il faut vous arrêter. Cela suffit. Comment pouvez-vous imaginer que j'endosse des habits trop petits pour moi et que je me plie à cette hérésie ?

Henri : Tout le cœur que je peux y mettre n'est que la conséquence de mon implication dans cette affaire, puisqu'il y a bien une affaire Dieu maintenant. En tant que seul représentant de vos créatures qui ait pu, depuis l'origine, vous reprocher quoi que ce soit de vive voix, je me dois d'y apporter toute mon énergie, tout mon professionnalisme. Ce serait une nouvelle trahison sinon, une félonie.

Dieu : Je ne puis tolérer plus avant l'humiliation d'avoir ainsi à me justifier ; c'est insupportable.

Il sort, furieux.

Henri : Tout à l'heure, je vous distrayais ! Vous fuyez devant vos responsabilités, une fois de plus. Là se trouve l'hérésie.

Un temps.

Je le tiens. Je le tiens… Oui, je le tiens.

Morticcia survient.

Elle : Je n'avais jamais vu la colère de Dieu autrement que représentée par les hommes. Que lui avez-vous donc fait, Henri ?

Henri : Je l'accuse de trop s'impliquer dans ses créations. Ou pas suffisamment, tout dépend.

Elle : C'est incompatible.

Henri : Dieu est incompatible avec les hommes.

Elle : Nous sommes indissociables, lui et moi.

Henri se colle à Morticcia.

Henri : Morticcia non. Vous ëtes la femme que j'attendais. Libre et belle, belle à se damner…

Elle : Vous vous faites du mal, Henri. Vous me faites du mal.

Henri : Faut-il vraiment qu'il soit trop tard ? Vous êtes si parfaite.

Elle : Méfiez-vous de la perfection. Je ne suis que votre perfection.

Elle se détache.

Vous savez ce qu'il dirait ?

Henri : Je me moque de ce qu'il dirait.

Elle : La perfection est fabriquée par les hommes, elle est ''humiliée'' par son péché, alors, il faut choisir la sainteté. La sainteté est humble. C'est Dieu qui la donne. Je connais son discours par cœur. ''On est humilié quand on se croit quelqu'un. On est humble quand on accepte d'être un pauvre.''

Henri : Je veux bien vivre dans le dénuement le plus total si c'est avec toi !

Elle : Vivre ?!?

Henri : Oui vivre, vivre près de toi, vivre avec toi !

Elle : Tu oublies qui je suis, la mission qui est la mienne.

Henri : Ta liberté et ton amour sont des réalités qui ne peuvent s'éteindre.

Elle : Enfreindre la règle m'est impossible. Il ne le permettrait pas.

Henri : Mais le premier sentiment, le seul mot, c'est l'amour ! Vivre, c'est aimer. L'amour pour seul salut. Comment pourrait-il refuser cet acte de foi ?! Ton amour peut nous sauver.

Elle : Il peut surtout courir à notre perte.

Henri : Tu ne disparaîtras jamais. Mais tu peux m'épargner. Que risques-tu ?

Elle : L'amour dont tu parles appelle un prolongement par delà la mort. Tu me demandes d'aller au-delà de mon rôle. Chacun sa destinée. Je ne suis ni parfaite, ni une sainte. Je ne suis que… Morticcia.

Henri : Ce regard pénétrant. Insondable. Que j'aimerais que tu partages mon éternité.

Elle : L'éternité d'un baiser, c'est déjà l'éternité.

Elle l'embrasse.

Henri : Que se passerait-il si… si nous… si nous faisions… ?

Elle : Le même acte physique peut être consécration ou profanation. Il peut exprimer l'union la plus merveilleuse ou le viol le plus odieux.

Henri : Tu as déjà aimé un homme ?

Elle : Oui.

Henri : D'autres hommes ?

Elle : Oui.

Henri : Beaucoup ?

Elle : Chut. *(Elle l'étreint)* Tu parles trop. Écoute les battements de ton cœur et non le son de ta voix. Préférer le silence au chaos, voilà ton salut ; voilà ma pudeur.

Henri : La pudeur de la mort ! *(Il rit)* Je veux m'emplir de ton âme.

Elle : Il n'y a pas d'âme séparée du corps.

Henri : Je veux respirer ton corps.

Elle : Chut.

Henri : J'ai besoin de tes mots.

Elle : Chut. L'érotisme n'est que rugissement, l'amour est silence.

Elle le déshabille progressivement.

Le premier exige toujours, quand le second est sacrifice et se donne. Celui-ci brise les cœurs, quand celui-là les unit.

Henri : Oh Morticcia…

Elle : Chut…

Noir.

ACTE IV

Les deux amants sont à terre, dépenaillés. Silence. Elle se relève la première. A peine un regard ou un sourire pour Henri. Il est encore dans la jouissance de l'instant. Elle affiche un air glacé et sévère.

Henri : Je ne me suis jamais senti aussi vivant.

Tout en se rhabillant.

Elle : Est-ce que tu m'aimes ?

Henri : Bon Dieu, oui !

Elle : Tu m'aimes ?

Henri : Oui !! Ça ne se voit pas ?!

Elle : Tu m'aimes ?

Henri : Bien sûr que je t'aime ?! Tu crois que je fais l'amour comme ça, à toutes les femmes qui se présentent !?

Elle : Je ne crois pas, non.

Henri : Tu ne te rends pas compte de ce qui nous arrive.

Elle : Je ne crois pas que tu m'aimes.

Henri : Ne dis pas cela. Laissons les biens pensants du corsetage affectif à leurs doutes, soyons ambitieux tous les deux ! Jamais une femme ne m'a autant comblé. Jamais.

Elle : Et pourquoi d'après toi ?

Henri : Parce que c'est toi. Que tu es toi. Ce n'est pas un hasard. Nous sommes faits l'un pour l'autre, tu le vois bien. L'amour absolu. Tu n'as plus le droit de douter ou de renoncer, pas aujourd'hui…

Elle : Aujourd'hui ? Peu importe que ce soit aujourd'hui, demain ou hier ! Les aiguilles du temps ne tournent plus.

Henri : Elles ne tournent plus parce que nous avons gagné le combat sur le temps, comme tu le voulais. Nous l'avons dominé !

Elle : Tu es puéril, Henri. Mais tu as raison. Le hasard n'existe pas. Et je ne suis pas cette femme là, celle que tu vois, celle que tu as tant voulu voir, tant voulu posséder. Celle que tu crois aimer n'est que le fruit de ta propre illusion.

Henri : C'est faux ! Je te vois comme tu es. Je te connais. Je t'ai touchée. Tu viens de te donner à moi, enfin ! Tu es une femme infiniment douce et subtile. Tu as tout !

Elle : Non je n'ai pas ! Je n'ai rien ; je suis, c'est tout !

Henri : Si tu veux. Alors disons que tu es tout pour moi, tu peux l'entendre ça ?! J'ai besoin de toi. Tu es tout.

Elle : Je me contente d'être ce que je suis. Et vous, Monsieur Dutertre, vous n'êtes plus.

L'ombre tutélaire de Dieu s'approche, sous le regard des 2 amants.

Henri : L'autre là, je veux bien qu'il me manipule, qu'il me tourmente, qu'il m'envoie en enfer s'il ne trouve rien de mieux mais pas toi, non. Pas toi ! Pas toi.

Silence. Dieu entre.

Dieu : Faites mourir en vous ce qui appartient encore à la terre : débauche, impureté, passions, désirs mauvais, cet appétit de jouissance qui est un culte rendu aux idoles.

Elle : Ni perfection, ni sainteté. Plus de mensonges entre nous et avec vous même.

Dieu : Débarrassez-vous des oripeaux de l'homme ancien, revêtez l'homme nouveau, celui que moi, créateur, refais toujours à neuf, pour le conduire à la vraie connaissance.

Elle : Il n'y a plus d'amants, plus d'hommes et de femmes, de croyants et de païens, il n'y a pas de barbare, de sauvage, d'esclave, d'homme libre, monsieur Dutertre.

Dieu : Il n'y a que Dieu. En tous, il est tout !

Elle : Je suis ravie de ces derniers instants partagés avec vous.

Henri : Dans la minute, un autre homme va survenir, une autre vie, une autre âme, d'autres étreintes…

Elle : Non. Face à la mort, personne ne triche. Jamais. Pas même moi.

Henri : Je dois vous faire part de mon choix ?

Dieu : À quel choix faites-vous allusion ?

Henri : Au choix de… Je ne comprends pas…

Morticcia et Dieu sont côtes à côtes. Proches comme jamais. Dans un halo de lumière qui les unit.

Elle : Vous aviez le choix d'aimer, le seul que vous n'ayez jamais eu. C'est bien.

Dieu : Face à son destin, l'homme n'a guère d'alternative.

Henri : … C'est insensé…

Elle : La mort est perçue comme une détresse, pour beaucoup comme un scandale. J'échappe totalement au pouvoir des hommes. Chacun d'entre eux est libre de choisir son chemin, avant la dernière porte.

Dieu : Le refus de Dieu, source de toute vie, est un chemin de mort. Les hommes ne devraient pas tant se préoccuper de ce qu'ils doivent faire. Ils feraient mieux de s'occuper de ce qu'ils doivent être. Je ne suis pas le Dieu des morts mais des vivants.

Elle : La clef que vous réclamiez si ardemment est là, enfouie en votre sein. Elle l'a toujours été, Henri. *(Un temps)* La porte vous est ouverte.

Henri : Ces baisers, ces enlacements, ces sourires, cette commisération… Tout était déjà écrit. Je n'avais qu'à franchir le seuil de cette foutue porte.

Elle : Non Henri. Regardez-moi.

Dieu : Regardez-nous !

Elle : Qui suis-je d'après vous ?

Dieu : Qui sommes-nous ? *(Un temps)* Fidèles exactement à l'image que vous aviez de nous.

Elle : Pouvais-je prendre quelque autre apparence à vos yeux ? Je suis en tout point votre mort idéale. Mais ce n'est pas moi.

Dieu : Le corps n'est pas qu'une mécanique faite de cellules, de chair et de sang. Le corps est le centre, le cœur d'une multitude de relations avec le monde, avec les autres, avec Dieu lui-même.

Elle : Dans votre esprit Henri, Dieu a toujours été une aberration nécessaire.

Dieu : Et la mort un fantasme vénéneux.

Elle : Et pourtant, nous ne sommes qu'un.

Dieu : IN – DIS – SO – CIA - BLES.

Elle : A trop courir après vos démons, ils ont finis par vous rattraper, Henri.

Dieu : Cette soif de reconnaissance et de pouvoir, cette certitude d'être toujours juste avec vous comme avec les autres, l'impudence de bousculer l'ordre immanent…

Elle : La nécessité permanente de charmer, de capter l'attention de votre auditoire…

Dieu : Ce besoin pathologique de séduire les femmes, toutes substituables les unes aux autres, quelles qu'elles soient, jamais prises dans leur individualité.

Elle : Vous ne fûtes qu'un collectionneur et un consommateur de beauté, œuvrant dans l'intuition, jamais dans la réflexion.

Henri : Pas avec toi. Pas avec vous. Mon amour est assumé, sincère, total.

Elle : Parce que je matérialise l'essence même de la femme ; toutes les femmes que vous avez pu aimer, que vous auriez pu aimer, dans leur globalité.

Dieu : Un arc en ciel de féminité !

Henri : Un arc en ciel que j'aime de toute mon âme !

Dieu : Nous y sommes.

Elle : Telle que vous me voyez, tel que vous êtes Henri, l'expérience humaine est indissociablement charnelle et spirituelle.

Dieu : La mort est simplement une inversion des rapports entre le corps et l'âme. Dans votre monde, l'esprit est dominé.

Elle : Dans la résurrection par la chair que je vous ai offerte, l'esprit est dominant.

Dieu : Un être enfin libre, capable d'aimer d'un amour parfaitement pur. Un amour de toute votre âme, exactement.

Elle : J'incarne l'accomplissement éternel.

Henri : Conneries ! Vous n'incarnez rien du tout. Vous êtes ce que vous êtes, point barre ! Nous venons de baiser ensemble, merde !!! Tous les pores, tous les recoins de ta peau, le goût de ta salive, le parfum de ta sueur, la soie de tes cheveux, ton sexe charnu, goûteux, tes seins fermes et tendus, ton cul miraculeux, une ode à la vie... Je te connais par cœur.

Dieu : Vous n'avez vu et ressenti que ce vous vouliez voir et ressentir. Votre cœur a la puissance de l'impuissance.

Elle : La soumission à vos sens aura été totale, Henri.

Dieu : Semé corruptible, le corps ressuscite incorruptible.

Elle : Semé charnel, il ressuscite corps spirituel.

Un temps. Henri est perdu.

Henri : Si vous dites vrai, si vous ressemblez précisément à ce que j'ai imaginé, les mots que vous proférez sont les miens, ceux que je voulais entendre ; vous êtes toujours mes créatures, je peux faire de vous ce que bon me semble.

Elle : J'avoue avoir particulièrement apprécié de n'être qu'un jouet entre vos mains.

Henri : Je peux toujours influer sur mon destin. Vous faire changer d'apparences, de sermons, repartir à zéro. Il doit y avoir un moyen !

Dieu: La démesure humaine est sans égale. Il se prend pour moi !

Elle : Henri, la porte vous est ouverte.

Henri : Non, non ! Je ne veux pas. Je veux juste sortir d'ici. De cet enfer !

Morticcia et Dieu ont le regard de la fatalité.

Laissez-moi une chance ! Rien qu'une seule. Faites moi sortir. Je serais plus utile sur terre qu'ici, à parlementer avec vous. Il doit y avoir une autre issue. On doit pouvoir redescendre.

Elle : Dieu que j'aime les hommes.

Dieu : Henri. Vous avez réussi là où beaucoup ont échoué. Rendre ce passage obligé dans l'au-delà un tant soit peu agréable, distrayant et même profitable pour nous. Et pour vous. Soyez modeste et contentez vous de cet état de fait. Quant à votre fameux choix…

Dieu va ouvrir la porte. Morticcia se rapproche de lui.

Avez-vous jamais eu le choix ?

Elle : Morticcia est avec vous. N'ayez pas peur.

Derniers regards. Ils sortent en reprenant le ton d'une discussion banale sous le regard d'Henri.

Dieu : Bien. Qui est le suivant ?

Elle : Seillères, tu as déjà oublié ?

Dieu : Ah oui, Seillères. J'ai décidément du mal avec les suicidés.

Une lumière radieuse s'échappe.
Henri est contraint. Il se dirige lentement vers la porte.
La pénombre se fera alors de plus en plus sensible… Jusqu'au noir final.

FIN

Pour plus d'informations sur l'actualité et les autres textes édités ou joués sur scène de Grégoire Aubert :

http://gregoireaubert.com/

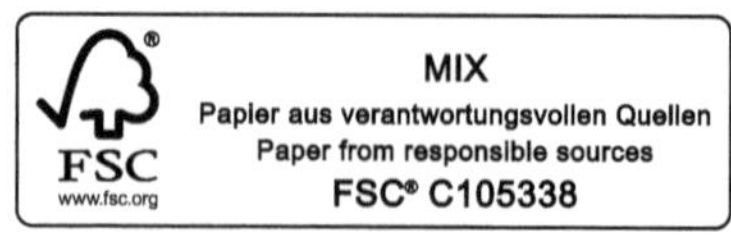

Printed by Books on Demand GmbH, Norderstedt / Germany